OBSERVATIONS

SUR LE

PROJET DE LOI SUR LA PRESSE

EN CE QUI CONCERNE SPÉCIALEMENT

L'IMPRIMERIE

OBSERVATIONS

SUR LE

PROJET DE LOI SUR LA PRESSE

EN CE QUI CONCERNE SPÉCIALEMENT

L'IMPRIMERIE

Le Corps législatif s'occupe en ce moment d'un projet de loi sur la presse périodique, et dans ce projet l'article 15 concerne spécialement l'imprimerie. Il affranchit la profession d'imprimeur de l'obtention préalable du brevet.

La conséquence de cette loi est l'émancipation complète de la profession d'imprimeur, la participation de celle-ci au principe de la liberté industrielle.

Ainsi, les restrictions apportées par le législateur à une profession qui n'a jamais été considérée comme une industrie ordinaire placée sous l'empire du droit commun, mais comme une profession rattachée directement à la puissance publique, seront totalement supprimées. L'imprimerie, dégagée de toutes mesures préventives, ne relèvera plus que de la loi et des tribunaux correctionnels, répresseurs du délit accompli.

Si le Gouvernement croit devoir proposer cette loi, si le Corps législatif la juge nécessaire au bien public, sous peu de jours le privilége des brevets se trouvera brisé, une industrie de plus sera placée sous le régime de la libre concurrence.

§ 1er.

Il est permis de se demander si une modification aussi profonde à la législation qui depuis tant d'années régit notre pays est réclamée par un intérêt public et majeur, si elle est demandée par l'opinion publique. Cette question, nous n'entendons pas la résoudre, mais on a le droit de la poser. La manifestation publique, la publication de la pensée par la voie de l'imprimerie qui la multiplie et la fait pénétrer partout, ont toujours été soumises à l'observation des garanties que réclame l'intérêt social. Les nécessités de la paix publique ont toujours commandé des restrictions auxquelles ont déféré toutes les législations. A coup sûr, la législation française n'est pas dépourvue à cet égard, et le tableau récemment publié par l'honorable M. Delalain, président de la Chambre des imprimeurs de Paris, en contient l'irréfutable démonstration. Ce n'est donc pas l'intérêt public qui est en souffrance dans l'état actuel de la législation ; bien loin de là, l'on peut sans témérité penser que bien des restrictions sont sans cause, des garanties excessives et des prescriptions sans utilité.

L'intérêt de l'écrivain, disons aussi celui du public, intéressé à la production, à la publication de toute pensée élevée, juste, utile, est-il en souffrance? peut-on dire qu'un écrit, un seul, pourvu qu'il ne blesse pas les lois de la morale, a trouvé dans la législation actuelle un obstacle à sa divulgation? S'il en est un seul, qu'on le cite!

N'a-t-on pas au contraire souvent reproché aux imprimeurs d'avoir imprudemment donné leurs presses pour l'impression de certains ouvrages, de certains écrits? Quelques-uns d'entre eux n'ont-ils pas tristement et à leurs dépens donné la preuve du contraire?

Si enfin la pensée ayant le droit de se produire devant le public, si peu digne qu'elle soit de ces honneurs, eût rencontré le moindre obstacle, un obstacle illégitime, n'aurait-on pas vu les réclamations se produire, les pétitions s'accumuler et un besoin véritable de solliciter une nécessaire et légitime satisfaction? Jamais, dans notre pays, les voix généreuses n'ont fait défaut à une juste cause.

Où sont les réclamations, les besoins signalés ? A peine peut-on

citer une manifestation récente, postérieure à la proposition du projet
de loi, si bien que l'on peut dire qu'elle est l'effet et non la cause du
projet, qu'elle a suivi, au lieu de le précéder et de le motiver.

Ce sont là, à côté des raisons puisées dans les garanties à donner
à la paix publique et au calme des esprits, des considérations dignes de
toute la réflexion des hommes d'État et des pouvoirs publics. Nous
devons nous borner à les signaler. Qu'ils les pèsent dans leur sagesse,
avant de renverser une législation qui n'a pas été sans utilité pour le
pays [1].

§ 2.

Si cependant le Gouvernement croit devoir maintenir la disposition
de l'art. 15 du projet de loi, si le Corps législatif la juge nécessaire au

---

[1]. On nous communique la note ci-dessous qui vient à l'appui de ce qui précède en
ce qu'elle prouve que la jurisprudence a toujours considéré le brevet comme ayant sa
valeur propre en dehors du matériel d'une imprimerie.

Un imprimeur d'Angoulême, dont les ateliers étaient fermés depuis près de deux ans,
voulait se défaire de son imprimerie. Un tiers se présente et, après des pourparlers qui pou-
vaient faire croire à une conclusion de l'affaire, le titulaire du brevet commet l'imprudence
de donner sa démission d'imprimeur avant la passation du contrat de vente du matériel. Au
moment de passer acte, des difficultés surgissent pour l'acceptation de certaines conditions, et l'affaire est rompue ; mais, pendant ce temps, le brevet avait changé de mains et
était devenu, par suite de l'autorisation administrative, la propriété du tiers en faveur
duquel le titulaire avait donné sa démission d'imprimeur préalablement à l'arrangement
définitif. De là procès.

Le tribunal de commerce d'Angoulême a rendu dans cette affaire, il y a environ dix
mois, un jugement qui a déclaré que la vente du matériel n'était pas parfaite, puisqu'il
n'y avait pas eu accord complet sur certaines clauses et conditions du contrat à intervenir ;
mais que, le brevet étant passé sur la tête du tiers présumé acquéreur, par suite de la
démission volontaire donnée par le titulaire, et en raison des difficultés administratives
qui pourraient surgir pour une nouvelle transmission, ce brevet demeurerait la propriété
du nouveau titulaire. En conséquence, le tribunal a décidé que celui-ci aurait à payer
une somme de 4,000 fr. à son cédant qui est resté détenteur du matériel sans brevet, —
et il s'agissait, dans l'espèce, d'une imprimerie dont le matériel vendu quelque temps
après n'a produit qu'une somme supérieure de quelques cents francs seulement au prix
du brevet.

Nous devons ajouter que la cour impériale de Bordeaux a confirmé la décision rendue
par le tribunal de commerce d'Angoulême.

bien public, le privilége des brevets se trouvera brisé, une industrie de plus sera placée sous le régime de la libre concurrence.

Mais cette liberté ainsi concédée et étendue entraîne des conséquences qu'il faut nécessairement prévoir. Elle cause les plus graves perturbations dans la masse d'intérêts qui s'abritait sous le monopole, dans des droits que soixante ans d'existence ont irrévocablement établis. Elle touche à une propriété respectable, la propriété des brevets. Elle livre sans dédommagement aux envahissements d'une concurrence imprévue des honorables industriels qui, après avoir engagé dans cette voie, sur la foi de la loi, leur travail et leurs capitaux, se trouvent aujourd'hui dans une trop légitime inquiétude, en sentant s'écrouler sous leurs pas un sol qui semblait affermi.

Si la résolution du Gouvernement est arrêtée, si elle est adoptée par les pouvoirs publics, les titulaires des brevets d'imprimerie n'ont plus qu'à poser respectueusement, mais avec l'énergie de leur droit et de leur conviction, une question qui touche à leur existence et au patrimoine de nombreuses familles.

Les titulaires actuels des brevets d'imprimerie n'ont pas à apprécier l'opportunité plus ou moins grande d'une loi qui les frappe d'une manière aussi rigoureuse. Une seule question les préoccupe, et ils la posent au Gouvernement avec tout le respect qui convient. Cette question est celle-ci :

Les imprimeurs dépossédés de leur brevet n'ont-ils pas un droit certain à une indemnité?

La question n'est pas nouvelle. Solennellement discutée en 1830 à la Chambre des députés, lors de la proposition de Benjamin Constant tendant à faire reconnaître la liberté de l'imprimerie, elle reparut à la tribune de 1848, lorsque M. Pierre Leroux proposa d'introduire le même principe dans la Constitution de la République.

Le Gouvernement de l'Empereur, puisqu'il relève les propositions agitées sous les Gouvernements qui l'ont précédé, ne doit être ni moins juste ni moins équitable. Il doit insérer le principe de l'indemnité dans le projet de loi, et appeler sur ce point les débats de la Chambre.

Notre but est de dégager des textes de lois et des décrets la justification de la demande des imprimeurs des départements à une indemnité.

de mettre leur droit en lumière, d'établir que la réparation du préjudice leur est due selon l'équité et selon la loi.

§ 3.

Il y a un principe qui domine toute notre législation, et sans lequel il n'y a pas de législation possible : c'est celui de l'inviolabilité de la propriété.

« La propriété étant un droit inviolable et sacré, dit la Constitution de 1791 (art. 17), nul ne peut en être privé, si ce n'est lorsque la nécessité publique, légalement constatée, l'exige évidemment, et sous la condition d'une juste et préalable indemnité. »

Ainsi, les pouvoirs publics, aussi bien que l'intérêt privé, sont tenus de respecter ce principe de la propriété inviolable; et quand l'intérêt général exige qu'il y soit dérogé, l'atteinte ne peut être portée à la propriété, le dépouillement ne peut être exécuté avant le payement d'une réparation pécuniaire.

Voilà le principe légal derrière lequel se placent les imprimeurs lésés par la nouvelle loi. Ils croient, ils soutiennent que leur brevet est une véritable propriété, dont ils ne peuvent être dépossédés que moyennant une indemnité préalable. — Cette prétention est incontestablement fondée.

Rappelons d'abord les textes législatifs qui régissent la matière des brevets d'imprimerie.

Décret du 5 février 1810 :

« Art. 3. A dater du 1ᵉʳ janvier 1811, le nombre des imprimeurs dans chaque département sera fixé, et celui des imprimeurs à Paris sera réduit à soixante.

« Art. 4. La réduction dans le nombre des imprimeurs ne pourra être effectuée sans qu'on ait préalablement pourvu à ce que les imprimeurs actuels qui seront supprimés reçoivent une indemnité de ceux qui seront conservés.

« Art. 5. Les imprimeurs seront brevetés et assermentés.

« Art. 6. Ils seront tenus d'avoir, à Paris, quatre presses, et dans les départements, deux.

« Art. 7. Lorsqu'il viendra à vaquer des places d'imprimeur, soit par décès, soit autrement, ceux qui leur succéderont ne pourront recevoir leurs brevets et être admis au serment qu'après avoir justifié de leurs bonnes vie et mœurs, et de leur attachement à la patrie et au souverain.

« Art. 8. On aura, lors des remplacements, des égards particuliers pour les familles des imprimeurs décédés. »

Loi du **21-23** *octobre* **1814** :

« Art. 11. Nul ne sera imprimeur ni libraire s'il n'est breveté et assermenté.

« Art. 12. Le brevet pourra être retiré à tout imprimeur ou libraire qui aura été convaincu, par un jugement, de contravention aux lois et règlements. »

Si nous ne commettons ici une confusion étrange, ces textes sont l'organisation certaine, évidente, d'une véritable propriété. Propriété *sui generis* sans doute, resserrée dans certaines limites, propriété démembrée et incomplète, mais enfin propriété ! — Que l'on remarque bien, en effet, ce qui se passe.

Sur la demande d'un particulier, successeur ou non d'un premier titulaire, le Gouvernement accorde un brevet. Quelle est la nature de cette concession ? Est-ce une simple tolérance, révocable *ad nutum,* empreinte d'une indélébile précarité ? Non ; par l'effet de la concession du brevet, il intervient entre l'État et l'impétrant *un véritable contrat;* il y a obligation réciproque. D'une part, l'impétrant s'oblige à monter le le nombre légal de presses (art. 6 du décret de 1810), à tenir son serment de fidélité aux institutions du pays (art. 7); d'autre part, l'État *s'engage* à ne pas lui retirer le brevet tant qu'il ne contrevient pas aux obligations imposées, et, pour prévenir tout arbitraire, la loi (l. 24 oct. 1814, art. 12) édicte que le brevet ne pourra être retiré tant qu'il ne sera pas intervenu contre l'impétrant de condamnation judiciaire. « La loi, dit M. G. Rousset [1], ayant déterminé les cas où le brevet peut être retiré, si le titulaire ne s'expose pas à ce retrait, le brevet est irrévocable. »

Ne serions-nous pas dès à présent en droit de dire : qu'est-ce donc qu'un brevet *irrévocable*, sinon une véritable propriété ?

Mais nous allons plus loin. Ce n'est pas un simple droit viager s'éteignant au décès du titulaire pour renaître dans son successeur avec le même caractère usufructuaire, que nous voyons dans l'exploitation d'une imprimerie. Nous y voyons avant tout un *droit transmissible*.

Il suffit en effet de se reporter à l'esprit de la loi elle-même et aux travaux préparatoires, pour en être convaincu. « L'imprimerie, disait Napoléon Ier au Conseil d'État, l'imprimerie est un arsenal qu'il importe de ne pas mettre à la disposition de tout le monde. — L'imprimerie n'est point un commerce; il ne doit donc pas suffire d'une seule patente pour s'y livrer; il s'agit ici d'un état qui intéresse la politique, et dès lors la politique doit en être le juge [2]. »

Ainsi, c'est au nom de l'intérêt supérieur de l'ordre public que le nombre des imprimeurs a été restreint; c'est par des considérations de pure politique que l'État s'est réservé la concession du brevet, c'est à dire l'*investiture*, — si nous pouvons nous exprimer ainsi, — à l'exploitation de l'imprimerie. Il a voulu se réserver l'appréciation du successeur, de l'héritier, sans qu'il fût possible au titulaire de transmettre un seul privilége qui lui avait été concédé *intuitu personæ*. « Personnel et subordonné, quant à sa délivrance, à l'accomplissement de conditions de moralité et de capacité individuelles, un brevet ne peut être ni cédé, ni succédé, parce qu'on ne peut céder sa capacité et sa moralité, et qu'on ne succède pas aux qualités et au serment de son auteur [3]. »

Mais ce droit pour l'État d'intervenir lors de la transmission de

---

1. *Code annoté de la presse*, p. 9. — Cette garantie de la condamnation judiciaire donnée à l'impétrant par l'art. 12 contre le caprice de l'administration se retrouve encore dans l'art. 8 de la loi du 28 juillet 1828, qui décide formellement qu'en cas de contravention prononcée contre l'imprimeur d'un journal pour avoir omis d'imprimer au bas la signature du gérant, la révocation ne pourra s'ensuivre.

2. Locré, *Discussions sur la liberté de la presse*, séance du Conseil d'État, 12 août 1809.

3. M. G. Rousset, p. 9.

l'exploitation, de discuter le successeur, de lui accorder ou refuser le brevet, n'efface pas le droit de transmission que le décret de 1810 (art. 8) accorde au titulaire.

C'est précisément dans ce droit *de présenter le successeur* que consiste le droit de propriété dont nous affirmons l'existence. « Ce qui distingue le brevet d'imprimeur de la simple autorisation préalable, dit M. Dalloz (*Rép.*, v° *industrie*, n° 190), c'est que le nombre des imprimeurs étant limité et l'exercice de cette profession étant par là monopolisé, le brevet devient un privilége, *et même, grâce à l'art.* 8 *du décret de* 1810, *une véritable propriété transmissible.* »

Il importe que nous rappelions ici les termes de l'art. 8 : « Art. 8. On aura lors des remplacements des *égards particuliers* pour les familles des imprimeurs décédés. »

Nous le croyons, en effet, comme paraît le penser l'éminent jurisconsulte que nous venons de citer, l'art. 8 crée une véritable propriété pour les imprimeurs ; une propriété analogue à celle que fonde pour les offices publics l'art. 91 de la loi du 4 mai 1816.

Voici cet article :

« Art. 91. Les avocats à la Cour de cassation, notaires, avoués, greffiers, huissiers, agents de change, courtiers, commissaires priseurs, *pourront présenter* à l'agrément de Sa Majesté des successeurs, pourvu qu'ils réunissent les qualités exigées par les lois... — Cette *faculté* de présenter des successeurs ne déroge point, au surplus, au droit de Sa Majesté de réduire le nombre desdits fonctionnaires, notamment celui des notaires..... »

La similitude des deux articles est-elle assez complète ? il n'est pas possible d'en douter. Nous ne pensons pas qu'on puisse voir, en rapprochant ces deux textes et à travers la divergence des rédactions, une différence quant au fond du droit. Des deux côtés, en effet, concession gratuite, révocable, droit ou plutôt faculté [1] pour le titulaire de pré-

---

1. *Pourront...* dit l'art. 91. *Faculté...* répète-t-il plus bas. Au reste, dans une circulaire du 21 février 1817, le garde des sceaux, M. Pasquier, déclara que le droit de présentation « ne conférait au successeur désigné *qu'une probabilité de préférence.* »

senter un successeur; des deux côtés, droit pour le Gouvernement de refuser celui-ci. — Et cependant la force même des choses, les principes de l'équité, les entraînements de la pratique, ont fait peu à peu des offices une véritable propriété [1].

C'est ce que l'exposé des motifs de la loi présentée et adoptée l'année dernière sur la liberté du courtage déclarait être hors de toute controverse :

« La suppression de l'institution publique des courtiers de marchandises, disait l'exposé des motifs, *entraîne l'obligation d'indemniser les titulaires actuels, cela ne peut être douteux.* — Les offices que la loi du 28 avril a rendus transmissibles *sont des propriétés;* cela a été tant de fois reconnu et proclamé dans des documents législatifs et dans des discussions solennelles de nos diverses assemblées législatives, que nous ne croyons pas nécessaire de faire autre chose que reproduire ici l'affirmation d'un principe qui n'a jamais été contesté. »

Nous prenons acte de cet aveu officiel, dont l'importance dans la cause ne peut échapper à personne. Nous le consignons ici, et nous disons :

De la similitude des textes découle l'identité des droits. Et ce ne sont pas seulement les deux rédactions qui sont semblables, c'est encore la pensée des rédacteurs. Cette assimilation des deux articles est tellement vraie, que Napoléon Ier précisait lui-même en ce sens, lors de la discussion du décret de 1810, l'esprit de la nouvelle loi :

« Ce sera l'imprimerie qui sera brevetée, disait-il, et non l'imprimeur. Que celui-ci seulement soit autorisé, *et qu'il en soit comme des*

---

1. Il semblerait que la faculté de présentation des officiers publics est toute personnelle au titulaire. Il n'en est rien cependant, et la jurisprudence a admis les héritiers à l'exercer comme le titulaire lui-même. Il est vrai que la loi particulière promise par l'art. 91 sur le moyen de faire jouir les héritiers de la présentation n'a jamais été rendue; mais la jurisprudence y a suppléé, par ce motif qu'annoncer le règlement d'un droit c'est reconnaître son existence (V. Cass. civ., 23 mai 1854, aff. Lemaire). — Il est admis également que le droit de présentation est transmissible par testament (V. Rolland de Villargues, *Dict. not.,* n° 72; Dalloz, *Rép.,* v° *offices,* n° 385). Seulement le legs est subordonné à la condition de l'agrément de l'autorité.

notaires et des avoués, qui n'entrent que dans des places vacantes et qui n'y entrent que par nomination [1]. »

Cela est-il clair et décisif? l'assimilation est-elle complète?

Nous pourrions aller plus loin. Nous pourrions, en pénétrant profondément les termes mêmes du décret de 1810, établir que ce qu'il a entendu créer, ce sont de véritables *offices brevetés,* selon l'expression de l'Empereur, et transmissibles au même titre que les offices publics de la loi de 1816. Je ne vois entre eux qu'une seule différence, et elle est toute en notre faveur, c'est que l'imprimeur n'est pas obligé, comme le notaire ou l'avoué, de communiquer au Gouvernement son acte de cession et le prix de vente consenti.

Il nous semble donc que si le Gouvernement a reconnu le principe de la propriété à l'égard des courtiers de commerce, il ne peut nous refuser le même bénéfice.

§ 4.

Mais il faut s'élever au-dessus de la loi positive et des textes de notre matière. Il faut rechercher dans sa sphère philosophique même l'origine du droit de propriété que nous avons à établir. Le projet de loi, par son importance, par la gravité de la situation qu'il crée à toute une industrie considérable, permet de toucher au sommet des choses et de remonter aux principes supérieurs du droit.

Nous avons vu que, dans la pensée même du législateur de 1810, c'est à l'imprimerie que le brevet est donné; seulement, l'autorisation de l'exploiter est toute personnelle. La concession du brevet n'est que la concession d'un titre nu.

Ainsi, le brevet une fois concédé, l'impétrant est réduit à ses propres ressources. La maison industrielle en pleine prospérité aujourd'hui, c'est lui qui l'a fondée. Ce matériel qu'il a créé, ces capitaux que sur la foi du monopole il a consacrés à son œuvre, cette clientèle qu'il s'est attachée par sa probité commerciale et la perfection de ses produits, ces changements heureux que son intelligence et son expérience ont

1. Locré, *Discussions sur la liberté de la presse.*

introduits dans l'impression, enfin cette base large qu'il a donnée à sa fortune, tout cela c'est son ouvrage, — et c'est le fondement de sa propriété.

Son droit de propriété, c'est le fait de sa création industrielle. Dans le travail, soutenu par la liberté et par l'occupation, réside le principe primordial de la propriété[1]. « Le principe du droit de propriété, dit M. Cousin, est la volonté efficace et persévérante, le travail sous la condition de l'occupation première. »

Telle est, dans son origine première et en dehors du texte des lois positives, le droit de propriété. Causer un préjudice quelconque à la chose qu'un homme s'est assimilée par l'application de son intelligence et de sa libre activité, c'est attenter à l'inviolabilité de sa personne, inviolabilité que nos Codes reconnaissent et garantissent[2].

Dès lors, la question de l'indemnité ne peut être douteuse. « Vous faites une loi, disait M. Dupin aîné à la Chambre des députés lors de la discussion du projet présenté par Benjamin Constant[3], c'est-à-dire une règle générale pour le plus grand nombre des cas, et vous n'agissez pas sous l'influence de toutes les exceptions particulières. *Quel est le principe de l'indemnité? C'est la possession. Un homme, en prenant la profession d'imprimeur, a employé ses capitaux à acheter un matériel; nous lui donnons un concurrent, le concurrent doit indemniser cet homme qui s'est établi sur la foi de la législation existante.* Le Gouvernement n'a pas vendu aux notaires, aux avoués, leurs charges : il leur a donné des brevets; *mais il s'établit par la possession une espèce de propriété. Il y a donc nécessité d'accorder une indemnité proportionnelle à tous les imprimeurs*[4]. »

---

1. Voir les discours de MM. Thiers et de Lamartine à l'Assemblée nationale, séance du 13 et 14 septembre 1848 (*Moniteur* du 14 et du 15).

2. M. Baudrillart, *Manuel d'économie politique.*

3. Séance du 19 novembre 1830, *Moniteur* du 20.

4. Lors de la discussion de la Constitution de 1848, M. Pierre Leroux, qui avait attaqué avec une grande trivialité de langage le monopole de l'imprimerie, reconnaissait cependant, lui aussi, le droit des imprimeurs à une indemnité :

« Il n'y a pas à m'objecter, disait-il, que les imprimeurs actuels et ayant un brevet auraient droit à des indemnités. Je réponds à cela qu'assurément ils peuvent avoir droit

Et si non-seulement l'exploitant a enfoui dans son industrie son argent, ses labeurs, son intelligence, mais encore s'il a traité avec un prédécesseur; s'il lui a succédé moyennant une somme considérable, réprésentation de la valeur actuelle d'une industrie monopolisée, l'État, qui lui a transmis le même brevet sous la tacite promesse du monopole, ne tiendra-t-il pas compte de ce contrat, passé sous l'empire d'une loi qui paraissait stable? Pourra-t-il impunément changer les conditions d'un contrat où il est intervenu comme partie? Ne devra-t-il pas indemniser le propriétaire actuel de la moins-value résultant d'un fait qui lui est personnel?

Ces observations étaient présentées, lors de la discussion de la loi de 1830, par un homme qui appréciait mieux que personne la situation injuste qu'aurait faite aux titulaires des brevets l'admission du principe contraire à notre thèse :

« Notre honorable rapporteur, disait M. Firmin Didot, a reconnu des droits acquis aux titulaires de brevets d'imprimeur, brevets qu'ils ont acheté de leurs prédécesseurs au prix de 25 à 30,000 francs; il vous a dit que plusieurs d'entre eux avaient acheté récemment ces brevets, qu'ils n'en avaient pas encore acquitté le prix, qu'il serait révoltant que leur vendeur pût venir s'établir à côté d'eux sans qu'aucune indemnité leur fût accordée. J'ajouterai, messieurs, que ces brevets sont entrés dans les partages des familles, qu'ils sont devenus l'objet de contrats de vente multipliés, que des prêts ont été faits et assurés sur ce titre [1]. »

M. de Vatimestil, un des adversaires du projet de loi, résumait ainsi le système de l'indemnité :

à des indemnités ; mais comme la Constitution n'est pas encore terminée, qu'elle n'est pas promulguée, le ministère a tout le temps de nous apporter un projet relativement à ces indemnités. » (Séance du 20 septembre 1848, *Moniteur* du 21.)

1. Lors de l'amendement de M. Pierre Leroux à l'Assemblée nationale, le rapporteur de la commission, M. Vivien, repoussait ainsi la proposition de l'honorable représentant :

« Il y a des spéculations considérables, des entreprises d'une grande valeur qui sont constituées sous l'empire de la législation actuelle. Si, par une ligne insérée à l'improviste, et, j'ose le dire, témérairement, dans la Constitution, vous veniez tout à coup détruire ce qui existe, vous jetteriez le trouble dans une industrie considérable. »

L'amendement de M. Pierre Leroux fut rejeté par 478 voix contre 143, sur 621 votants.

« C'est sur la foi d'une législation vicieuse que les imprimeurs de province ont acheté leurs presses. Les brevets sont entrés dans les relations des familles, des mariages se sont faits et des filles ont été dotées. — Dans cette situation, irez-vous dire par une loi : hier, la loi vous permettait de fonder des établissements sur un état de choses qui avait sa légitimité ; tout cela change aujourd'hui ? »

Ce fut d'après ces considérations, et malgré l'opposition du rapporteur, M. Pelet de la Lozère, et de M. de Vatismenil, membre de la commission, que la Chambre admit d'abord le principe de l'indemnité, et un tarif proportionnel à la population pour Paris et les départements.

Répondant à M. de Tracy qui proposait d'exclure de l'indemnité les imprimeurs pour lesquels la gratuité de l'obtention du brevet excluait toute idée de perte, M. Pelet appréciait ainsi le vote de la Chambre :

« Le système adopté par la Chambre repose sur le principe que le brevet est une espèce de propriété sur lequel il a pu s'établir des engagements, des transactions. La Chambre est partie de là pour examiner s'il convenait d'accorder une indemnité représentative du brevet, et elle a voté une indemnité comme il en a été accordé une en 1810. Je ne pense pas qu'il soit possible d'établir des distinctions entre les personnes qui auront droit à l'indemnité. »

Néanmoins, après l'adoption par la Chambre de l'amendement de M. de Tracy, lorsqu'on en vint au vote définitif de l'article 3 du projet, qui contenait le principe de l'indemnité, l'article ne fut pas adopté.

Dès lors la loi croulait par sa base.

M. le baron Charles Dupin monta à la tribune :

« Messieurs, dit l'honorable député, dans l'état où est parvenu le vote de la loi, *et surtout après votre décision qui vient de supprimer l'indemnité pour les imprimeurs actuellement en exercice, je crois important de présenter quelques observations. La loi n'offre plus maintenant qu'un tissu de mesures incohérentes et sans équité,* je déclare qu'à mes yeux c'est une mauvaise loi. Je dis plus, c'est une loi pernicieuse, et qui va contre son but, qui est d'être utile aux imprimeurs et aux ouvriers d'imprimerie.

. . . .

Je vote contre l'article qu'on va mettre aux voix, je voterai contre les articles suivants ; je rejette les précédents, et je mettrai dans l'urne une boule noire contre l'ensemble de la loi. Telle est mon opinion et celle de mes honorables amis. »

Le projet de loi fut rejeté par 193 voix contre 98, sur 291 votants [1].

Ici nous devons examiner trois objections qui ont été faites lors de la discussion du projet de loi présenté par Benjamin Constant, et par lesquelles on prétendait repousser l'indemnité.

La première consiste à dire que le Gouvernement, ayant concédé à titre gratuit les brevets, ne pouvait être tenu d'indemniser les titulaires du préjudice que leur occasionnait le nouveau principe de la liberté de l'imprimerie.

« Le Gouvernement n'a rien reçu, il est vrai, répondait M. Firmin Didot à cette fin de non-recevoir. Mais n'a-t-il pas autorisé la vente de ces brevets lorsqu'en 1810 il a forcé 80 imprimeurs de Paris et ceux des principales villes à payer aux imprimeurs supprimés, d'une part 4,000 fr. d'indemnité fixe, et, de l'autre, le matériel, qui fut presque pour tous à peu près inutile et qu'ils ont brûlé ou détruit? »

Nous ajoutons : le Gouvernement, pas plus qu'un donateur ordinaire, ne peut retirer la donation qu'il a faite. Et si l'intérêt public exige qu'il la retire, il ne peut le faire que moyennant une juste et préalable indemnité.

« Mais, disait encore le rapporteur, M. Pelet, le titulaire qui jouit depuis longtemps du privilége a pu s'indemniser du prix qu'il lui a coûté. »

Cette objection, outre qu'elle ne décide rien quant aux imprimeurs qui n'ont acheté que récemment leur brevet, repose sur une confusion singulière. Le gain qu'a pu faire l'imprimeur représente, en effet, simplement *l'intérêt* de ses déboursés. Et nous ne croyons pas qu'il soit encore venu à l'esprit d'aucun jury d'expropriation publique de décider qu'il n'est rien dû pour l'expropriation d'un fonds, par cette considération que ses revenus ont déjà remboursé au propriétaire son prix d'acquisition.

Une dernière fin de non-recevoir était enfin celle-ci : « Les im-

1. Séance du 19 novembre 1830, *Moniteur* du 20.

primeurs de province n'ont rien à réclamer, car aucun décret n'a fixé leur nombre, lequel a varié selon le caprice ministériel... [1] »

Nous répondons que les brevets ont été acquis, les contrats passés sous l'empire d'une situation de fait prolongée, qui équivalait à un nombre fixe et stable. Les rares brevets qui ont été accordés n'ont été que la conséquence des besoins et des intérêts publics reconnus, lorsqu'il semblait à l'administration que le nombre actuel des imprimeurs n'était pas en rapport avec l'abondance du travail. D'ailleurs, puisqu'on nous oppose nos prévisions au moment de notre contrat, n'est-il pas évident que nous ne pouvions alors et tout au plus prévoir qu'une augmentation de nombre, une concurrence bornée, circonscrite par le pouvoir discrétionnaire d'une administration toujours plus restrictive qu'extensive, et non pas une concurrence absolue, indéfinie, illimitée?

Ces considérations, et celles que nous avons précédemment exposées, nous semblent incontestables. Les principes les plus hauts du droit, les considérations les plus droites de l'équité, nous paraissent se réunir à l'appui de notre thèse. Oui, il y a propriété, propriété à laquelle l'émancipation de la profession d'imprimeur porterait une grave atteinte [2]. En ce cas, une indemnité serait due. « *L'usage de la chose*

---

1. Rapport de M. Pelet.

2. Et cette atteinte serait encore plus irréparable pour les imprimeurs de province que pour ceux de Paris, pour les petites industries que pour les grandes.

« C'est précisément parce qu'il s'agit de petites imprimeries, mais qui sont les plus multipliées, disait encore M. Dupin aîné à la tribune de 1830; d'intérêts minimes, mais qui souvent constituent l'actif entier de ceux qui en sont propriétaires, que j'insiste pour qu'une indemnité leur soit accordée. On peut dire qu'ils ont bien mérité de la liberté de la presse et de l'imprimerie; car la plupart ont eu pour but de porter l'imprimerie là où elle était inconnue, dans de simples chefs-lieux d'arrondissement; et l'on sait qu'en général c'est le premier établissement, la première fondation qui est la plus difficile : car dans un pays où l'on n'est pas accoutumé à faire imprimer sur les lieux, où il y a peu de chances de succès, le premier établissement est aux risques de celui qui vient s'y établir. Ils se recommandent encore en raison du peu d'importance de leurs établissements.

« A Paris, qu'il s'établisse une concurrence, que vingt imprimeurs fondent de nouveaux établissements, ce ne sont pas les typographes connus qui pourront redouter leur concurrence; de longtemps la concurrence ne portera atteinte à la haute réputation typographique des Didot, des Crapelet, et de tous ceux qui ont élevé l'art à un si haut degré de perfection. Dans une petite ville, au contraire, la concurrence peut être mortelle à ceux qui sont déjà établis. Quels sont les éléments du travail des imprimeries de province? C'est le tridont on est propriétaire, disait le tribun Faure lors de la confection du Code civil, ne peut être restreint que par un motif d'utilité publique, et, lorsqu'on est dépouillé de la chose même, la société assure un dédommagement au propriétaire. »

C'est ce dédommagement que nous venons demander au Gouvernement. S'il persiste à présenter une loi sur la liberté de l'imprimerie, la justice exige qu'il y introduise une disposition concernant la réparation qui nous est due. — Si, par impossible, la loi était votée par le Corps législatif sans qu'elle contînt le principe de l'indemnité, le Sénat devrait s'opposer à sa promulgation, comme attentatoire à l'inviolabilité de la propriété qu'il a mission de protéger[1].

Maintenant, sur quelles bases, d'après quelles considérations serait déterminé le chiffre de l'indemnité? Ce n'est point à nous de proposer une solution. La question, nous ne faisons aucune difficulté de le reconnaître, est grave et complexe, et le rapporteur de la loi de 1830, M. Pelet, signalait aussi la difficulté à la Chambre :

« Par qui serait supportée l'indemnité et quelles en seraient les bases? En réglerait-on le montant d'après le prix du brevet, qui varie d'un lieu à l'autre, et dans le même lieu? Défalquerait-on de ce prix la valeur de la clientèle, qui est indépendante du privilége et qui peut lui survivre? Allouerait-on la même indemnité à celui qui a acquis tout récemment son brevet, et à celui qui a joui depuis longtemps du privilége? »

Voilà la difficulté. L'article 3 du projet de loi la tranchait ainsi :

« Art. 3. Quiconque voudra s'établir dans une commune où se trouvent un ou plusieurs imprimeurs brevetés, aura ce droit en versant préalablement au Trésor une somme fixée ainsi qu'il suit :

bunal, la préfecture. Eh bien, n'est-il pas évident que la concurrence, pour si peu de travail, peut être funeste aux anciens établissements? Il y a donc équité dans une indemnité. » (Séance du 19 novembre 1830.)

1. Constitution de 1852, art. 26. « Le Sénat s'oppose à la promulgation : 1° des lois qui seraient contraires ou qui porteraient atteinte....... à l'inviolabilité de la propriété. »

Pour Paris. . . . .   10,000 francs.
Pour les villes de 50,000 âmes et au-dessus.   8,000   —
     —   30,000 à 50,000   6,000   —
     —   20,000 à 30,000   4,000   —
     —   10,000 à 20,000   3,000   —
     —   5,000 à 10,000   2,000   —
     —   5,000 et au-dessous. . .   1,000   —

Ces sommes seront attribuées, à titre d'indemnité, aux imprimeurs brevetés qui existent dans la commune ou à leurs ayants cause, et seront réparties entre eux chaque année par égale portion, jusqu'à ce que chacun d'eux ait reçu une somme égale à celle imposée au nouvel imprimeur, sans toutefois que ces dispositions puissent être obligatoires après le 1er janvier 1840. »

Un amendement de M. Firmin Didot proposait de régler ainsi la distribution de l'indemnité :

« Ces sommes seront remises aux titulaires d'un brevet d'imprimeur ou à leurs successeurs dans chaque ville, chaque année s'il y a lieu, et dans la proportion relative au nombre établi dans chaque ville, jusqu'au 1er janvier 1850. »

Quoi qu'il en soit, nous nous bornons à poser la question sans essayer de la résoudre. Les précédents remarquables que nous avons rappelés éclaireront la marche du Gouvernement, et lui inspireront le désir d'une solution convenable. S'il est complétement décidé à poursuivre le projet de loi, à le présenter à la Chambre, soit ; et malgré les difficultés, les troubles, les froissements d'intérêts qu'entraîne le nouveau principe, si le Gouvernement le croit nécessaire au bien public, nous nous inclinerons devant la loi qui vient nous frapper.

Mais au moins qu'il y introduise ce principe vital, équitable, jaloux des droits et des intérêts privés, ce principe de l'indemnité préalable du brevet. Il y a là une question de probité nationale qui ne doit pas être écartée. En accordant aux imprimeurs dépossédés de leur privilége une indemnité évaluée sur le préjudice causé, le Gouvernement et le Corps législatif rempliront un impérieux devoir ; ils accompliront un acte d'honneur, d'équité et de justice.

3

§ 5.

Quelle que soit la résolution du Gouvernement et du pouvoir législatif sur la limitation du nombre des imprimeurs ou la liberté absolue de leur industrie, il est des réformes que réclame impérieusement l'exercice même de cette industrie et la nécessité inflexible des faits.

Qu'on nous demande toutes les garanties qui peuvent être données et que réclame l'intérêt social, mais que l'on ne nous demande pas celles qu'il n'est pas dans notre puissance de fournir.

Quel est le principe et le but de toute loi pénale ? Atteindre et punir le coupable, frapper aussi ceux qui se sont associés à son méfait, en lui donnant les moyens de l'accomplir. Mais il est de principe que celui-là seulement est punissable qui a fait le mal, voulant et sachant le faire.

Ce sont-là des notions élementaires, qu'il est superflu de justifier ou de développer, car elles sont la base de tout droit pénal.

Et, cependant, l'on en cherche en vain la trace dans les dispositions qui régissent les imprimeurs. Ils peuvent être, ils sont poursuivis pour avoir publié la pensée d'un autre, jugée sans doute contraire aux lois, mais encore faut-il qu'ils se soient associés à cette pensée, qu'ils l'aient connue, qu'ils aient pu l'apprécier et qu'ils lui aient volontairement et en toute connaissance fourni les moyens de se produire et de se propager.

Pour nous renfermer dans la matière toute spéciale de la presse, le législateur ne doit-il pas avoir pour but unique de connaître, d'atteindre et de frapper celui qui par ses écrits a troublé ou voulu troubler la paix publique ? Que peut demander la loi, lorsque l'auteur du fait incriminé lui est révélé et livré ? Lorsque la réparation légale est assurée, le but de la justice n'est-il pas réalisé complétement ? Cette notion même, si élevée mais aussi si exquise et si délicate, n'est-elle pas atteinte, lorsqu'on voit frapper, avec l'auteur du fait, l'imprimeur qui ne l'a pas connu, et n'a pu l'empêcher ni même le plus souvent en apprécier et le but et les conséquences ?

Ces graves questions ont été si souvent agitées que nous n'entendons pas, après tant et de si éminents publicistes, les traiter à nouveau.

Nous nous bornons à les rappeler à la sollicitude et à l'attention du Gou-
·vernement et des assemblées. Nous voulons seulement exprimer le vœu
que nous émettons à cet égard et que nous croyons fermement conforme
à l'intérêt public et aux principes de justice.

On sait que le projet de loi sur la liberté de la presse maintient
pour le journalisme la garantie du cautionnement. Or, puisque l'administration conserve cette garantie pour le recouvrement des amendes et des
frais judiciaires que les articles publiés peuvent faire encourir au journal,
il est convenable de la circonscrire dans les limites strictement nécessaires
à l'exécution des condamnations prononcées, et par suite de soustraire
les imprimeurs à la solidarité de ces condamnations. — Nous en dirons
autant des publications, livres, écrits de toute nature, lorsque l'auteur
ou l'éditeur, signataire et responsable, présente aux poursuites judiciaires une solvabilité suffisante.

Dans l'ordre des peines, c'est toujours le vrai coupable qui doit
supporter le châtiment. Or, on ne peut douter que le vrai coupable ne
soit ici le signataire d'abord, et ensuite l'éditeur. Pour l'imprimeur, il
nous paraît être, en fait et en équité, en dehors de cette règle, si l'on con-
sidère le contrôle inefficace et insuffisant qu'il peut exercer sur les
manuscrits qui lui sont présentés. L'imprimeur, en effet, — et le décret
de 1811, qui n'exigeait de lui qu'une capacité *professionnelle,* l'a implici-
tement reconnu, — n'est point nécessairement un économiste, un politique, toujours capable de juger et d'apprécier par lui-même la valeur ou
le danger des doctrines qu'il imprime. D'ailleurs la rapidité exigée
souvent pour l'impression, le temps insuffisant qu'il peut consacrer à la
lecture des manuscrits, — surtout dans l'impression des journaux, où il
est matériellement impossible de lire les articles apportés à l'imprimerie,
et de se rendre compte de l'ensemble du journal, — tout cela le place
dans une situation exceptionnelle qui le doit mettre à l'abri de la responsabilité supportée par l'éditeur et l'auteur. Nous croyons donc qu'il est
juste de ne prononcer contre l'imprimeur qu'une responsabilité SUBSI-
DIAIRE, pour le cas où l'auteur et l'éditeur seraient reconnus insolvables.

Est-il besoin d'ajouter que pour tout écrit anonyme la responsabilité de l'imprimeur doit, suivant nous, rester tout entière, si l'imprimeur
ne fait pas connaître l'auteur véritable, n'indique pas la responsabilité

et la fait sienne, et nous sommes les premiers à en proclamer et à en reconnaître l'application.

A côté des grands principes sociaux et politiques engagés dans le projet de loi, se trouvent des intérêts non moins dignes de la protection de tous et de l'attention du législateur : c'est le patrimoine de nombreuses familles qui invoquent à bon droit le respect de la propriété, c'est l'organisation et l'exercice d'une grande industrie qui n'est pas sans gloire, et peut revendiquer de grands services rendus au pays et à la civilisation.

Au nom des imprimeurs des départements réunis en congrès à Paris,

LES DÉLÉGUÉS :

SILBERMANN, imprimeur à Strasbourg, président;

BABILE, imprimeur à Marseille, vice-président;

NADAUD, imprimeur à Angoulême, secrétaire.

Paris, 29 mars 1867.

PARIS. — J. CLAYE, IMPRIMEUR, RUE SAINT-BENOIT, 7.

9 782013 449533